EXPLOREMOS LA CIENCIA

COMPRENSIÓN DE LOS MODELOS

JEANNE STURM

Rourke
Educational Media

rourkeeducationalmedia.com

www.rourkeeducationalmedia.com

Edición de la versión en inglés: Kelli L. Hicks
Cubierta y diseño interior: Teri Intzegian
Traducción: Yanitzia Canetti
Adaptación, edición y producción de la versión en español de Cambridge BrickHouse, Inc.

ISBN 978-1-61810-472-4 (Soft cover - Spanish)

Rourke Educational Media
Printed in the United States of America,
North Mankato, Minnesota

www.rourkeeducationalmedia.com - rourke@rourkepublishing.com
Post Office Box 643328 Vero Beach, Florida 32964

Contenido

CAPÍTULO UNO

Modelos que nos ayudan a probar nuevos diseños

Imagina que pasas años construyendo un rascacielos de cuarenta pisos. Finalmente, colocas la última ventana en su lugar y pones el último mosaico. Planeas una ceremonia de inauguración para dar a conocer tu creación al público impaciente, pero antes de que llegue el gran día, se aproxima una tormenta. Fuertes vientos azotan la ciudad y el rascacielos comienza a balancearse con los vientos cada vez más intensos. Por último, increíblemente, se estrella contra el suelo.

En Moscú, Rusia, se derribaron las antiguas fábricas para darle espacio al Centro Internacional de Negocios de Moscú. Las torres en construcción tendrán 62 y 73 pisos.

El rascacielos de ficción fue incapaz de resistir los efectos de los fuertes vientos, pero los rascacielos reales sí resisten. Mucho antes de que comience la construcción, los ingenieros ponen a prueba sus diseños en túneles de viento. Estudian y analizan el flujo del aire dentro y alrededor del edificio para lograr su estabilidad.

Los ingenieros utilizan una técnica llamada fotografía Schlieren para estudiar el flujo de aire supersónico alrededor de un avión en túneles de viento.

¿SABÍAS QUE...?

La NASA utiliza túneles de viento y túneles de agua para probar la aerodinámica de los vehículos durante el vuelo. En los túneles de agua, los tintes de color azul, rojo y verde en el agua ayudan a los científicos a **predecir** cómo fluye el aire sobre un avión.

En 1920, se construyó el primer túnel de viento en el centro de investigaciones Langley (Langley Research Center). Una toma de aire blindada aseguraba un flujo constante de aire.

La torre residencial Turning Torso, en Malmö, Suecia, es un rascacielos de 54 pisos con una forma distintiva. Inspirada en la columna vertebral del cuerpo humano, la torre gira para imitar la columna vertebral de una persona que tuerce su cuerpo.

Malmö, en Suecia, es un lugar muy ventoso, y el diseño creativo de la torre no sigue la prueba habitual del clima para edificios altos, por lo que los fuertes vientos podrían haber sido motivo de preocupación. Pero los residentes de la torre no tienen de qué preocuparse. Los diseñadores del edificio hicieron pruebas en un **modelo a escala** del edificio en un túnel de viento en la Universidad de Western Ontario. Basados en estas pruebas, los diseñadores predicen que, incluso en una tormenta con fuertes vientos de hasta 98 mph (44 mps), la azotea del edificio se movería solo 1 pie (30 cm), y muy despacio.

La torre residencial Turning Torso se construyó en nueve pentágonos montados uno encima del otro. De abajo a arriba, la torre se tuerce 90 grados.

Se ha podido probar la fortaleza de los rascacielos con un modelo en un túnel de viento, lo cual permite que los arquitectos de torres las comiencen a construir con más confianza. Los modelos nos ayudan a entender cómo funcionan las cosas, a predecir lo que podría suceder y a planificar el futuro.

Las maquetas o modelos a escala les dan a los planificadores una idea de cómo encajan y quedan todas las partes cuando se juntan.

El diseño de un edificio consiste en la planificación previa y en la resolución de problemas.

Cuando pensamos en modelos, lo primero que nos viene a la mente podrían ser los modelos a escala de coches y aviones que vienen en juegos. Pero los **modelos científicos** son de muchas formas, cada uno es útil de una manera diferente. Un modelo científico es una **representación** de un objeto o evento que podemos utilizar para comprender el objeto o el suceso real. Se utilizan modelos cuando queremos entender algo que es demasiado grande, demasiado pequeño o demasiado complejo de analizar.

CAPÍTULO DOS

Modelos a escala

Los modelos a escala son modelos físicos de un objeto o sistema. Por lo general, se construyen para representar algo que es mucho más grande o mucho más pequeño. Los modelos a escala son **proporcionales** al objeto original. Cuando un objeto se reduce a escala, hay que reducir todas las partes del objeto en la misma **proporción**. Si un dinosaurio se reduce a 1/8 de su tamaño original para una exhibición de museo, la cabeza, sus patas y su cuerpo se reducen todos a 1/8 de su tamaño original.

A veces es posible construir un modelo a escala real. Los alosaurios recorrieron América del Norte hace 150 millones de años. A pesar de que tenían un promedio de 30 pies (8,5 metros) de longitud, los científicos creen que algunos eran tan grandes como este modelo de 39 pies (12 metros).

Para hacer un modelo a escala de un edificio alto, necesitas saber las **dimensiones** de la altura, la longitud y la anchura de su base. Si quisieras hacer una maqueta de un edificio que tiene 800 pies de altura, con una base de 200 pies de largo y 100 pies de ancho, tendrías que dividir las tres dimensiones por el mismo número.

Digamos que divides las tres dimensiones por 100. Tu modelo a escala sería de 8 pies de alto, 2 pies de largo y 1 pie de ancho. Es un modelo bastante grande. Puede ser útil como accesorio en un juego, pero hubieras querido algo más pequeño que pudieras colocar sobre una mesa o en un diorama de caja.

Tamaño real
800 pies

Modelo a escala
100 pies = 1 pie

Modelo a escala
100 pies = 1 pulgada

Puedes decidir una escala donde 100 pies = 1 pulgada.
Para hacer un modelo a escala del edificio original, hay
que dividir todas las medidas por 100 y cambiar de pies a
pulgadas.

La altura original era de 800 pies.

800 / 100 = 8

La altura del modelo será de 8 pulgadas

El ancho original era de 100 pies.

100 / 100 = 1

El ancho del modelo será de 1 pulgada.

El largo original era de 200 pies.

200 / 100 = 2

El largo del modelo será de 2 pulgadas.

*Tu modelo final sigue estando a escala de la construcción original, pero
ahora es lo suficientemente pequeño como para usarlo en un diorama.
Nota: Si se usa el sistema métrico, se aplica la misma fórmula.*

CAPÍTULO TRES

Modelos gráficos

Algunos modelos, como mapas y gráficos, son representaciones bidimensionales de algo. Los llamamos **modelos gráficos**.

Los mapas son especialmente útiles cuando se viaja a una ciudad desconocida.

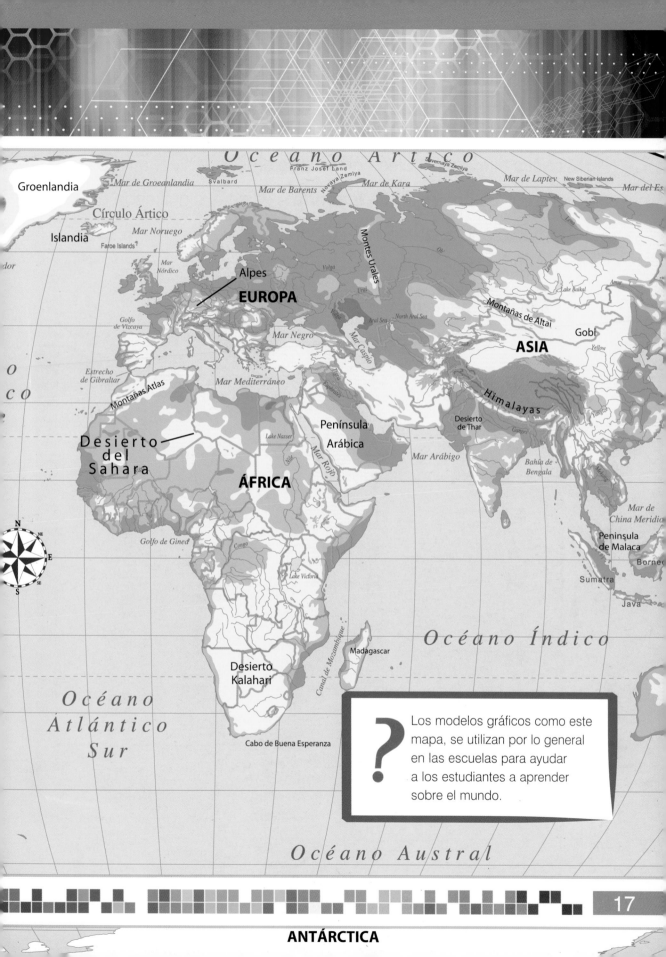

Groenlandia

Mar de Groenlandia

Círculo Ártico

Islandia

Faroe Islands

Océano Ártico

Franz Josef Land

Svalbard

Mar de Barents

Novaya Zemlya

Severnaya Zemlya

Mar de Kara

Mar de Laptev

New Siberian Islands

Mar del Es

Mar Noruego

Mar Nórdico

Alpes

EUROPA

Golfo de Vizcaya

Estrecho de Gibraltar

Montañas Atlas

Desierto del Sahara

ÁFRICA

Golfo de Gined

Congo

Lake Victoria

Desierto Kalahari

Cabo de Buena Esperanza

Océano Atlántico Sur

Mar Negro

Mar Mediterráneo

Lake Nasser

Volga

Ural

Volga

Aral Sea

North Aral Sea

Mar Caspio

Nilo

Mar Rojo

Éufrates

Tigris

Península Arábica

Mar Arábigo

Montes Urales

Ob

Irtysh

Montañas de Altai

ASIA

Lake Baikal

Amur

Gobi

Yellow

Himalayas

Ganges

Desierto de Thar

Yangtze

Indus

Bahía de Bengala

Mekong

Mar de China Meridion

Península de Malaca

Borneo

Sumatra

Java

Canal de Mozambique

Madagascar

Océano Índico

Océano Austral

? Los modelos gráficos como este mapa, se utilizan por lo general en las escuelas para ayudar a los estudiantes a aprender sobre el mundo.

N
NE
E
SE
S
SO
O
NO

ANTÁRCTICA

Muchos de los mapas incluyen símbolos que representan cosas diferentes, tales como carreteras, puentes, arroyos y sitios para acampar. La **leyenda** explica el significado de cada símbolo que aparece en el mapa.

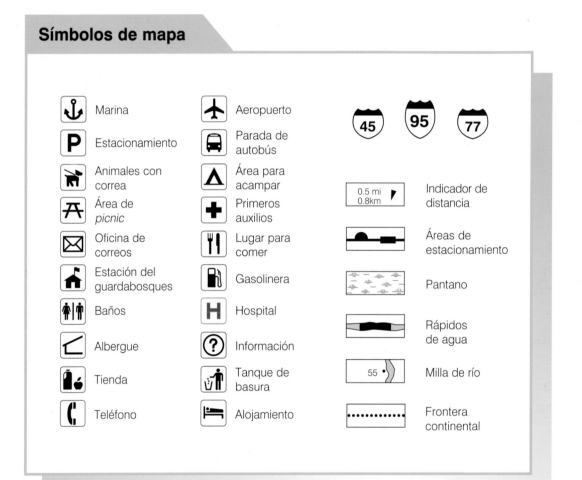

Símbolos de mapa

⚓ Marina	✈ Aeropuerto
P Estacionamiento	🚌 Parada de autobús
Animales con correa	⛺ Área para acampar
Área de *picnic*	✚ Primeros auxilios
Oficina de correos	🍴 Lugar para comer
Estación del guardabosques	Gasolinera
Baños	H Hospital
Albergue	? Información
Tienda	Tanque de basura
Teléfono	Alojamiento

45   95   77

0.5 mi 0.8km	Indicador de distancia
	Áreas de estacionamiento
	Pantano
	Rápidos de agua
55	Milla de río
	Frontera continental

Si estás viajando en coche y buscas un área de descanso a lo largo de la carretera, buscarías el símbolo específico que represente un área de descanso en tu mapa.

El símbolo de avión ayuda a los viajeros a localizar el aeropuerto más cercano.

Es posible que quieras saber cuán lejos está la biblioteca, de tu casa. En el mapa, parece que están a solo unos pocos centímetros una de la otra. Pero, ¿qué significa esto? Necesitas encontrar la escala del mapa.

En algún lugar, a un lado, verás una línea que se parece a una regla. Serán unidades métricas o tradicionales. Utilizando la escala del mapa, se puede decir que 2 centímetros es igual a 1 kilómetro. Puedes utilizar esta información para calcular qué distancia hay de un lugar a otro.

$$\frac{\text{Distancia en el mapa}}{\text{Distancia real en el suelo}} = \frac{2 \text{ cm}}{1 \text{ km}} = \frac{2 \text{ cm}}{100\,000 \text{ cm}} = \frac{1 \text{ cm}}{50\,000 \text{ cm}}$$

En un mapa en particular, 2 centímetros en el mapa representan 1 kilómetro en tierra. Como 1 kilómetro es igual a 100 000 centímetros, podemos decir que los 2 centímetros en el mapa representan 100 000 centímetros en tierra. Si dividimos ambos números por 2, nos percatamos de que el mapa está a una escala de 1 en 50 000 (1:50 000).

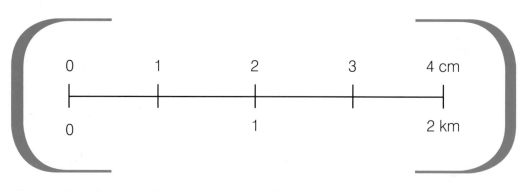

Esta escala, del mapa de la página 21, se convierte de centímetros a kilómetros.

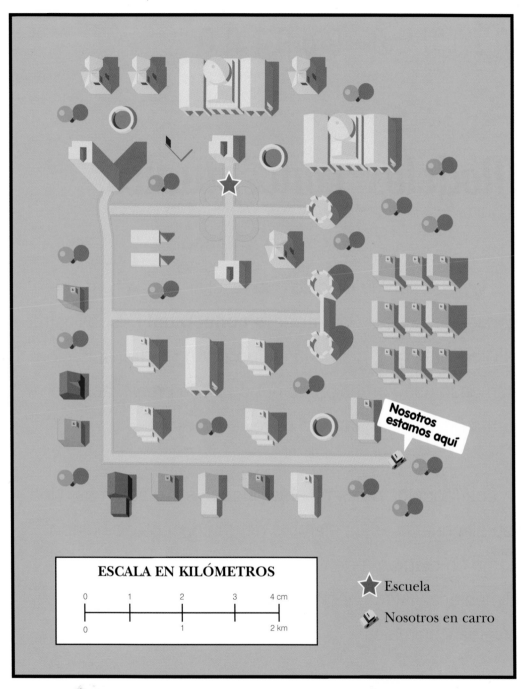

ESCALA EN KILÓMETROS

Escuela

Nosotros en carro

Puedes usar una regla, un trozo de papel o incluso la longitud de tu dedo para averiguar qué distancia hay de un lugar a otro en este mapa. ¿Cuántos kilómetros se deben manejar para llegar a la escuela?

CAPÍTULO CUATRO

Modelos conceptuales

Hay otro tipo de modelo que es útil para explicar conceptos o ideas. Un **modelo conceptual** puede ilustrar el Ciclo del agua, donde la evaporación y la transpiración dan paso a la formación de nubes y a la precipitación en forma de lluvia, aguanieve o nieve.

Los modelos conceptuales pueden ser diagramas. Una red alimentaria es un ejemplo de un concepto, dibujado como un diagrama de flujo. Este ilustra las cadenas alimentarias interconectadas en una comunidad de plantas y animales.

Cada eslabón de la cadena alimentaria depende de otra planta o animal para la supervivencia de su especie.

Cadena alimentaria terrestre

Cadena alimentaria acuática

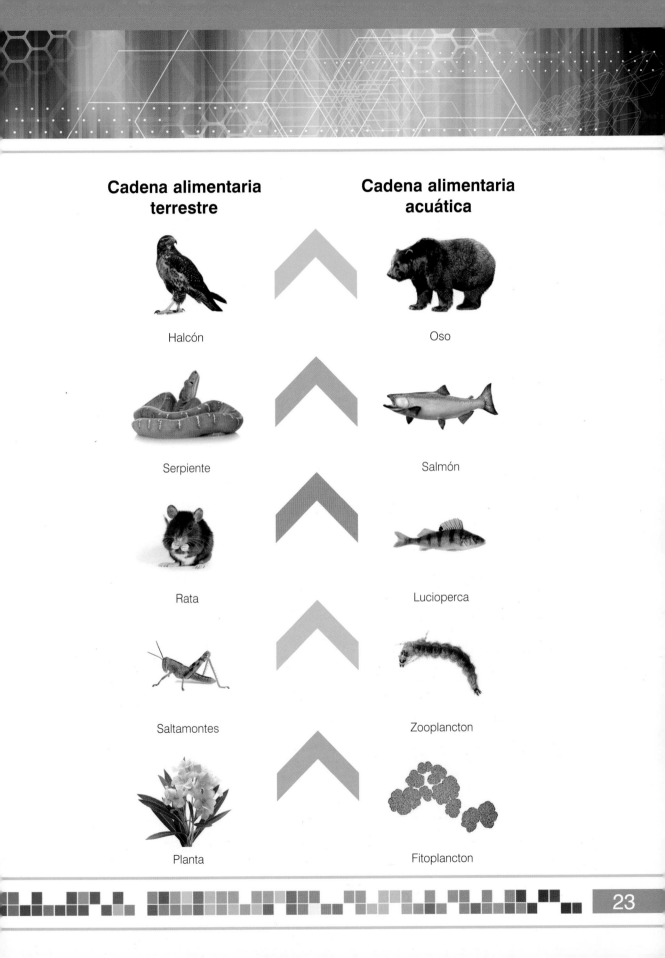

Halcón

Oso

Serpiente

Salmón

Rata

Lucioperca

Saltamontes

Zooplancton

Planta

Fitoplancton

Los modelos conceptuales pueden ser incluso descripciones verbales o dibujos de cómo funciona algo. Es más fácil explicar por qué tenemos diferentes estaciones en el año, cuando podemos ver cómo la inclinación de la Tierra cambia a lo largo de un año. En junio, julio y agosto, cuando el hemisferio norte se inclina hacia el Sol, ocurre el verano, ya que recibe los rayos directos, que producen más calor. Al mismo tiempo, el hemisferio sur se inclina alejándose del Sol y se reciben los rayos de manera indirecta, dando paso al invierno.

LAS ESTACIONES DE LA TIERRA

La rotación del eje de
la Tierra es de 23,5°

Equinoccio primaveral

Solsticio de verano

Solsticio de invierno

Equinoccio otoñal

 Equinoccio primaveral:
El equinoccio primaveral es
el primer día de la primavera
en el hemisferio norte.

Equinoccio otoñal:
El equinoccio otoñal es el
primer día de otoño en el
hemisferio norte.

 Solsticio de verano:
El solsticio de verano es el
primer día de verano en el
hemisferio norte.

Solsticio de invierno:
El solsticio de invierno es
el primer día de invierno en
el hemisferio norte.

CAPÍTULO CINCO

Modelos matemáticos

Un **modelo matemático** es una ecuación que ilustra la forma en que funciona un proceso. Podemos utilizar un modelo matemático para calcular cuánto crecerá la población de un país con el tiempo. La ingeniería, la estadística y las ciencias de la computación son algunos de los muchos campos que emplean modelos matemáticos en su trabajo.

Los estudiantes de ingeniería ponen sus ideas en práctica.

El estudio de la física se basa en modelos matemáticos. La 2.da Ley del movimiento, de Newton, se puede expresar matemáticamente como F = ma (fuerza = masa x aceleración). Puedes experimentar con esta ley comparando la fuerza necesaria para empujar un carrito de compra vacío con uno que está lleno de comestibles. La masa del carrito aumenta a medida que añades más comida. La fuerza necesaria para mover un carrito de compras vacío es mucho menor que la necesaria para mover uno lleno, iy se necesita aún más fuerza para mover rápidamente un carrito lleno y así evitar chocar con un comprador distraído que se atraviesa en tu camino!

Segunda Ley del Movimiento

$$F = ma$$

La aceleración es rápida con una carga ligera. Se necesita menos fuerza.

Una carga de gran tamaño hace más lenta la aceleración. Llevar el carrito a una parada será por tanto más difícil.

En la mayoría de los campos de estudio, se utilizan diferentes tipos de modelos para cubrir diferentes necesidades. Los modelos climáticos, por ejemplo, pueden ser gráficos, matemáticos o conceptuales. Un modelo matemático puede decir qué posibilidades hay de lluvia un día determinado. Un modelo gráfico puede mostrar en el mapa la aproximación de frentes fríos o cálidos y advertir sobre las tormentas peligrosas que se acercan. Un modelo conceptual puede explicar las tendencias meteorológicas a largo plazo, mostrando cómo las condiciones en ese momento podrían ser más secas o más frías que el promedio de la zona.

Un monitor doble en una estación meteorológica le permite al meteorólogo tomar información de los modelos, tanto gráficos como conceptuales.

Los meteorólogos locales nos dan una idea de cómo la aproximación de los frentes meteorológicos afectarán nuestros planes.

CAPÍTULO SEIS

Modelos informáticos

Un **modelo informático**, o **simulación**, es un tipo de modelo matemático. Las simulaciones computarizadas se utilizan en muchos campos de las ciencias, incluidas la física, química, biología y economía, así como la tecnología, la industria del entretenimiento y los negocios.

Usamos modelos informáticos para predecir hacia dónde se dirigen los contaminantes atmosféricos. En el caso de un derrame de cloro, por ejemplo, los modelos informáticos pueden informar al personal de emergencia hacia dónde se dirigen los vientos con los gases de cloro. Entonces, la gente puede evacuar el área hasta que el aire se limpie.

La simulación en computadora se utiliza en simuladores de vuelo para entrenar pilotos, en la ingeniería de tráfico para planificar o rediseñar el flujo del tráfico y en los modelos de accidentes de coche, para poner a prueba los mecanismos de seguridad en los nuevos modelos de vehículos.

¿SABÍAS QUE...?

Los pilotos se entrenan en simuladores de vuelo programados para imitar experiencias reales. Así aprenden a manejar diferentes tipos de aviones y practican sus reacciones a situaciones de emergencia que puedan surgir durante un vuelo real.

Puede ser divertido enfrentar a un piloto enemigo en el simulador, pero las habilidades y acciones evasivas aprendidas aquí pueden salvar vidas en casos de emergencia.

En accidentes de tráfico simulados, los modelos informáticos estudian los efectos de la fuerza y el movimiento del coche y de los pasajeros en el interior. Mucho antes de que los fabricantes de automóviles construyan el prototipo final de un coche nuevo, las simulaciones en computadora permiten poner a prueba, precisamente, los efectos de un accidente y realizar cambios en función de sus resultados. Los dispositivos de salvamento que se fabrican para los coches se deben al conocimiento que los ingenieros han adquirido a través del estudio de los efectos de accidentes automovilísticos.

Las pruebas de choque nos darán una idea de qué tan bien está un vehículo para proteger a sus ocupantes en caso de accidente.

¿SABÍAS QUE...?

Cuando se desarrollaron por primera vez los maniquíes para pruebas de accidentes eran todos del mismo tamaño, peso y forma. Ahora los hay de todas las formas y tamaños: mujeres embarazadas, niños pequeños y bebés. En un choque que se produce en menos de un segundo, los ingenieros pueden obtener información de los puntos a lo largo del cuerpo del modelo y luego descargarlos a una computadora donde serán analizados y utilizados para desarrollar vehículos más seguros.

Aun con los beneficios de los modelos informáticos, los fabricantes de autos no han dejado de someter sus coches a pruebas de choque, debido en parte a que aprecian la valiosa información que los maniquíes para pruebas de accidente les han brindado durante décadas, proporcionándoles a los ingenieros información detallada sobre los efectos de un impacto repentino en el cuerpo humano.

CAPÍTULO SIETE

Los modelos en astronomía

Los modelos del sistema solar muestran las posiciones de los planetas y sus lunas, ya que orbitan alrededor del sol. Aunque estos modelos son útiles para comparar los tamaños de los planetas y las lunas, son difíciles de construir a escala. Las distancias entre los planetas son enormes en comparación con el tamaño de los planetas.

La Tierra

La Luna

Si estás en la geosfera *Epcot* con una pelota de béisbol en una mano y un globo terráqueo en la otra, tendrías un modelo a escala de las diferencias de tamaño de los objetos reales. Sin embargo, no sería un modelo a escala para las distancias entre estos. Para hacer un modelo a escala, tanto para los tamaños como para las distancias, tendrías que estar a 3 millas (4,8 kilómetros) de distancia de la geosfera, sosteniendo el globo, y un amigo a 40 pies (12 metros) de ti, con la pelota de béisbol.

Piensa en el globo terráqueo de tu salón de clases. La mayoría son de 16 pulgadas (41 centímetros) de **diámetro**. Si hiciste un modelo del sistema solar y utilizaste el globo como modelo de la Tierra, la Luna sería aproximadamente del tamaño de una pelota de béisbol, con un diámetro de 4 pulgadas (10 centímetros).

Para mantener la consistencia de la escala, el Sol tendría que tener 146 pies (44,6 metros) de diámetro, un poco más pequeño que el diámetro de la geosfera en el centro Epcot, en Orlando, Florida.

Sol

Hay otro modelo, que utiliza una escala diferente, con el que sería más fácil ver la distancia entre el Sol y Plutón. Si colocas el Sol en una línea de meta de un campo de fútbol, la posición de Plutón estaría en la línea de meta contraria, a 100 yardas (91,4 metros) de distancia. La Tierra estaría a 2,5 yardas (2,3 metros) de distancia del Sol. Este modelo ofrece una mejor comprensión de la distancia relativa entre el Sol y cada planeta, que termina en el planeta enano Plutón. Sin embargo, la escala reducida de este modelo hace que también sea necesario reducir el tamaño del Sol y de los planetas. Ya la Tierra no es del tamaño de un globo terráqueo; en esta escala tendría un diámetro de 0,008 pulgadas (0,2 milímetros). Incluso el Sol sería menor de una pulgada de ancho. Su diámetro mediría 0,85 pulgadas (21,5 milímetros).

Sentado en las gradas del estadio de fútbol, ni siquiera podrías ver el Sol y los planetas pequeños. Pero si colocas una estaca en el suelo en la posición de cada planeta, podríamos al menos tener una idea de dónde estarían, y tendríamos una mejor comprensión de la inmensidad de nuestro sistema solar.

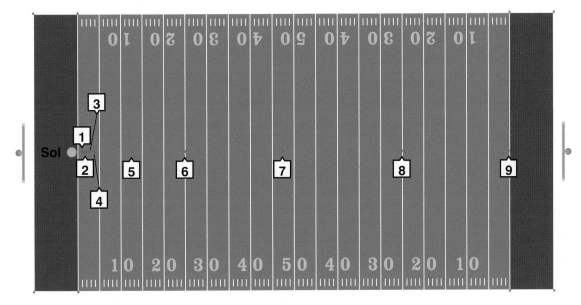

UA significa unidad astronómica. Es la distancia desde el centro de la Tierra al centro del Sol. En este modelo a escala, esta distancia es de 2,5 yardas (2,3 metros), pero una verdadera UA es de 93 millones de millas (149,6 millones de kilómetros).

Distancia que hay de los planetas al sol

		UA	Yardas	Metros
1	Mercurio	.40	1.0	.91
2	Venus	.70	1.75	1.6
3	Tierra	1	2.5	2.3
4	Marte	1.5	3.75	3.4
5	Júpiter	5	12.5	11.4
6	Saturno	10	25	22.9
7	Urano	19	47.50	43.
8	Neptuno	30	75	68.6
9	Plutón*	40	100	91.4

Hasta 2006 Plutón era considerado un planeta del sistema solar, pero hoy es considerado un planeta enano u objeto trasneptuniano.

CAPÍTULO OCHO

Modelos que nos ayudan a entender los seres vivos

Un tallo de apio puede servir de modelo del proceso de acción capilar, por el cual las plantas conducen el agua desde sus raíces hasta sus hojas. Coloca un tallo de apio recién cortado en un vaso de agua que ha sido teñida con colorante rojo. Después de unas pocas horas, podrás ver el líquido rojo en las venas de la planta. Puedes seguir el recorrido del agua, que va desde el tallo del apio hasta sus hojas.

EXPERIMENTO DEL APIO

PASO 1
Haz un corte suave a lo largo del tallo de apio.

PASO 2
Llena un vaso hasta 3/4 de agua.

PASO 3
Añádele al agua de 3 a 5 gotitas de un colorante o tinte.

PASO 4
Luego coloca el tallo de apio en el agua (con las hojas fuera del agua).

PASO 5
¡Después de unos días el apio cambiará de color!

NECESITARÁS:

- tallo de apio
- cuchillo
- colorante de alimentos
- recipiente de un tamaño que permita dejar el apio parado en agua con colorante toda la noche.
- agua

Tal vez te preguntes qué pasa con las hojas después de un tiempo. Haz un corte en el tallo de apio y utiliza una lupa para observarlo. Si lo miras atentamente, verás pequeños vasos rojos que conducen el colorante a la parte superior del tallo.

Un terrario es una buena manera de modelar un ecosistema. Puedes hacer un terrario en un frasco de un galón, una pecera vieja, o cualquier recipiente de vidrio transparente.

Si agregas una tapa para hacer un terrario cerrado, tendrás tu propio ecosistema en miniatura en un invernadero autosuficiente. Por la noche, las plantas utilizan el oxígeno y liberan dióxido de carbono. Por el día, durante la fotosíntesis, las plantas utilizan el dióxido de carbono y liberan oxígeno y vapor de agua. El vapor de agua permanece atrapado dentro del sistema, brindándole humedad a las plantas.

La grava y el musgo situado en la parte superior del suelo, ayudan a retener la humedad.

CAPÍTULO NUEVE

Modelos que nos ayudan a entender las cosas pequeñas e imperceptibles

Las células vegetales y animales son demasiado pequeñas para verlas sin un microscopio, pero podemos hacer un modelo de una célula. Una idea divertida es utilizar distintos alimentos para las diferentes estructuras de la célula. La gelatina puede actuar como el citoplasma. Si pones gelatina en un recipiente y lo refrigeras hasta que esté casi firme (aproximadamente una hora), será el medio perfecto para mantener todos los componentes de la célula en su lugar.

Puedes utilizar diferentes dulces y frutas para representar las distintas partes de la célula. Asegúrate de hacer una lista de lo que representa cada alimento. Después de mostrarle tu creación a alguien, puedes probar algo delicioso.

Si esto fuera una célula, el amarillo de la gelatina estaría representando el citoplasma de la misma y los elementos dentro serían las partes de la célula.

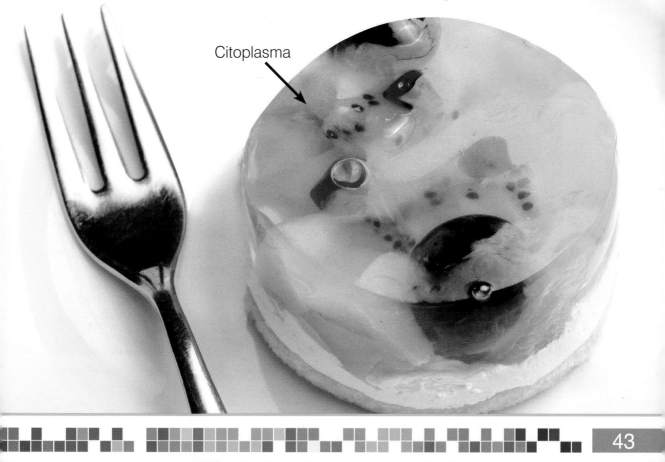

Citoplasma

Los modelos representan objetos o sistemas de tal manera que nos permiten comprenderlos mejor.

Podríamos usar modelos físicos para comprender las células microscópicas, modelos conceptuales para comprender nuestro lugar en la cadena alimentaria o modelos matemáticos para predecir la población mundial en 20 años. Sea cual sea el tipo que se elija, los modelos nos ayudan a comprender y explicar la complejidad de nuestro mundo.

Los aviones radio-controlados no solo son modelos populares entre aficionados y científicos, también son modelos eficaces para la comprensión del vuelo.

GLOSARIO

diámetro: segmento de línea que pasa a través del centro de un círculo y cuyos extremos tocan el círculo

dimensiones: longitud, anchura y altura de un objeto

leyenda: tabla que explica los símbolos en el mapa

modelo a escala: modelos proporcionales de un objeto

modelos científicos: representaciones de un objeto o suceso que ayudan a entender el objeto o suceso real

modelo conceptual: explicación escrita o ilustrada de cómo funciona algo

modelos gráficos: representaciones bidimensionales de algo

modelo informático: programa de computadora que se usa para modelar o mostrar algo

modelos matemáticos: ecuaciones que muestran cómo
funciona un sistema o proceso

predecir: decir lo que crees que pasará

proporcional: que tiene la misma proporción

proporción: comparación de dos cantidades usando la división

representación: ilustraciones o modelos que representan o
muestran algo más

simulación: modelo de un experimento

Índice

Sitios en la internet

www.exploratorium.edu/ronh/solar_system

www.sciencephoto.com/html_tech_archive/schlie.html

starchild.gsfc.nasa.gov/docs/StarChild/StarChild.html

Acerca de la autora

Jeanne Sturm creció explorando los bosques, las cascadas y las riberas de los ríos alrededor de su casa, en Chagrin Falls, Ohio. Obtuvo su título en educación en *Bowling Green State University* y se mudó a Tampa, Florida, para enseñar. Allí comenzó a practicar windsurfismo y conoció a su futuro esposo. Ahora está casada y vive con su esposo, sus tres hijos y Astro, su perro, en Land O 'Lakes, Florida.